JOSÉ
ANTONIO
PAGOLA

PASTORAL R RENOVADA

 | # JESÚS Y LA MISERICORDIA

PPC

© 2024, José Antonio Pagola
© 2024, PPC, Editorial y Distribuidora, SA
  Impresores, 2
  Parque Empresarial Prado del Espino
  28660 Boadilla del Monte (Madrid)
  ppcedit@ppc-editorial.com
  www.ppc-editorial.com

ISBN 978-84-288-4220-4
Depósito legal: M-21251-2024
Impreso en la UE / *Printed in EU*

Introducción[1]

Jesús no es un escriba judío ni un sacerdote del templo de Jerusalén. Lo suyo no es enseñar una doctrina religiosa, ni explicar la Ley de Dios, ni asegurar el culto de Israel. Jesús es un profeta itinerante, oriundo de Galilea, que anuncia un acontecimiento, algo que está ocurriendo y que pide ser escuchado y atendido pues lo puede cambiar todo. Él lo está ya experimentando e invita a todos a compartir esta experiencia: Dios está tratando de introducirse en la historia humana. Hay que cambiar y vivirlo todo de manera diferente.

Así lo resume Marcos:

"El reino de Dios está cerca. Cambiad de manera de pensar y creed en esta Buena Noticia." (Mc 1,15)

Todos los investigadores piensan que esto que Jesús llama "reino de Dios" (*malkutá d'alaha*)

---

[1] Conferencia pronunciada en San Sebastián el día 7 de febrero de 2005 en la Semana de Pensamiento Cristiano.

es el corazón de su mensaje y la pasión que animó toda su vida.

Lo sorprendente es que Jesús nunca explica lo que es el reino de Dios. Lo que hace es sugerir cómo actúa Dios y cómo sería el mundo si hubiera gente que actuara como Él. Podemos decir que "reino de Dios" es la vida tal como la quiere construir Dios.

A nosotros nos puede parecer importante saber qué hemos de pensar de Dios, cómo cumplir sus mandatos, cómo ofrecerle un culto agradable. Jesús, por su parte, solo buscaba una cosa: que hubiera en la tierra hombres y mujeres que comenzaran a actuar como actúa Dios. Esta era su obsesión: ¿Cómo sería la vida si la gente se pareciera más a Dios?

Pero esto nos obliga a hacernos no pocas preguntas: ¿Cómo actúa Dios?, ¿cómo actuó Jesús?, ¿cómo entendió su vida?, ¿qué fue lo importante para él?, y ¿qué significa exactamente actuar como Dios siguiendo los pasos de Jesús?

1

Dios es compasión

El acuerdo es hoy prácticamente unánime. Jesús de Nazaret ha sido un hombre, tal vez el único, que ha vivido y comunicado una experiencia sana de Dios, sin desfigurarla con los miedos, ambiciones y fantasmas que, de ordinario, proyectan las diversas religiones sobre la divinidad.

Jesús no habla nunca de un Dios indiferente o lejano, olvidado de sus criaturas o interesado por su honor, su gloria o sus derechos. En el centro de su experiencia religiosa no nos encontramos con un Dios "legislador" intentando gobernar el mundo por medio de leyes ni con un Dios "justiciero", irritado o airado ante el pecado de sus hijos. Para Jesús, Dios es compasión. "Entrañas", diría él, "rahamim". Esta es su imagen preferida.[2]

---

[2] Empleo indistintamente los términos "misericordia" y "compasión". En general, prefiero hablar de "compasión" pues sugiere mayor cercanía (padecer con el que sufre). "Tener misericordia" puede hacer pensar en una relación que se establece con quien está más abajo.

La compasión es el modo de ser de Dios, su primera reacción ante sus criaturas, su manera de ver la vida y de mirar a las personas, lo que mueve y dirige toda su actuación. Dios siente hacia sus criaturas lo que una madre siente hacia el hijo que lleva en su vientre. Dios nos lleva en sus entrañas.

Las parábolas más bellas que salieron de labios de Jesús y, sin duda, las que más trabajó en su corazón fueron las que narró para hacer intuir a todos la increíble misericordia de Dios.

1. Parábola del "padre bueno"

La más cautivadora es, tal vez, la del padre bueno.[3] Los que la escucharon por vez primera quedaron sin duda sorprendidos. No era esto lo que se les oía decir a los escribas o a los sacerdotes.

- ¿Será Dios así? ¿Como un padre que no se guarda para sí su herencia, que no anda obsesionado por la moralidad de sus hijos,

---

[3] Lc 15,11-32. Es un error llamarla parábola del "hijo pródigo". La figura central es el padre.

que espera siempre a los perdidos, que "estando todavía lejos" ve a su hijo y se le "conmueven las entrañas", pierde el control, echa a correr, lo abraza, lo besa efusivamente como una madre, interrumpe su confesión para ahorrarle más humillaciones y lo restaura como hijo?

- ¿Será esta la mejor metáfora de Dios: un padre conmovido hasta sus entrañas, acogiendo a sus hijos perdidos y suplicando a los hermanos a acogerlos con el mismo cariño?

- ¿Será Dios un padre que busca conducir la historia de los hombres hasta una fiesta final donde se celebre la vida y la liberación de todo lo que esclaviza y degrada al ser humano?

Jesús habla de un banquete abundante, habla de música y de baile, de hijos perdidos que despiertan la compasión del padre, de hermanos invitados a acogerse. ¿Será este el secreto último de la vida? ¿Será esto el reino de Dios?

2. Parábola del "contratador bueno"

Jesús contó en otra ocasión una parábola sorprendente y provocativa sobre el dueño de una viña que quería trabajo y pan para todos.[4]

Contrató a diversos grupos de trabajadores. A los primeros a las seis de la mañana, luego hacia las nueve, más tarde a las doce del mediodía, a las tres de la tarde e incluso a las cinco, cuando solo faltaba una hora para terminar la jornada. Sorprendentemente, a todos les pagó un denario: lo que se necesitaba para vivir durante un día.

Este hombre no piensa en los méritos de unos y otros, sino en que todos puedan cenar esa noche con sus familias. Cuando los primeros protestan, esta es su respuesta:

> "¿Es que no tengo libertad para hacer lo que quiera con lo mío? ¿O tenéis que ver con malos ojos que sea bueno?"

---

[4] Mt 20,1-15. Es un error llamarla parábola de "los obreros de la viña". El verdadero protagonista es el propietario de la viña. La podemos llamar parábola del "contratador bueno" o del "patrono que quería pan para todos".

El desconcierto tuvo que ser general. ¿Qué estaba sugiriendo Jesús?

¿Es que para Dios no cuentan los méritos? ¿Es que Dios no funciona con los criterios que nosotros manejamos?

Esta manera de entender la bondad de Dios, ¿no rompe todos nuestros esquemas religiosos?

¿Qué dirían los maestros de la Ley?, ¿qué pueden decir los moralistas de hoy?

¿Será verdad que, desde sus entrañas de misericordia, Dios, más que fijarse en nuestros méritos, está mirando cómo responder a nuestras necesidades? ¿Será tan bueno?

3. Parábola del "fariseo y el recaudador"

En el recuerdo de sus seguidores quedó grabada otra parábola desconcertante sobre un fariseo y un recaudador que subieron al Templo a orar (Lc 18,10-14).

El fariseo reza de pie y seguro. Su conciencia no le acusa de nada. Cumple fielmente la Ley y la sobrepasa. No es hipócrita. Dice la verdad. Por eso da gracias a Dios. Si este hombre no es santo, ¿quién lo va a ser? Seguro que cuenta con la bendición de Dios.

El recaudador se retira a un rincón. No se atreve ni a elevar sus ojos del suelo. Sabe que es pecador, pero no puede cambiar de vida. Ese es su problema. Por eso, no promete nada. No puede dejar su trabajo ni devolver lo que ha robado. Solo le queda abandonarse a la misericordia de Dios: "Oh Dios, ten compasión de mí, que soy pecador". Nadie querría estar en su lugar. Dios no puede aprobar su conducta.

Inesperadamente, Jesús concluye su parábola con esta afirmación:

> "Yo os digo que este recaudador bajó a su casa justificado, y aquel fariseo no."

Jesus los pilla a todos por sorpresa. De pronto los abre a un mundo nuevo que rompe todos sus esquemas.

¿Cómo puede Dios no reconocer al piadoso y, por el contrario, conceder su bendición al pecador?

¿Será que, al final, todos nos hemos de abandonar a su misericordia?

¿Será verdad que lo decisivo no es la práctica religiosa de uno, sino la misericordia insondable de Dios?

¿Será Dios un misterio increíble de compasión que solo actúa movido por su ternura hacia quienes se confían a Él?

2

Sed compasivos como vuestro Padre es compasivo

Esta experiencia de la compasión de Dios fue el punto de partida de toda la actuación revolucionaria de Jesús y lo condujo a introducir en la historia de la humanidad un nuevo principio de actuación: la compasión.

La ordenación religiosa y sociopolítica del pueblo judío y la espiritualidad de todos los grupos arrancaba de una exigencia radical que aparecía formulada de manera precisa en el viejo libro del Levítico:

"Sed santos porque yo, el Señor, vuestro Dios soy santo." (Lv 19,2)

El pueblo debía imitar al Dios Santo del Templo, un Dios que rechazaba a los paganos, los pecadores e impuros, y bendecía a su pueblo elegido, a los justos y a los puros. La santidad era la cualidad esencial de Dios, el principio de orientación para la conducta del pueblo elegido. El ideal es ser santos como Dios.

Sin embargo, esta santidad de Dios entendida como "separación de lo impuro" y de lo no santo, generaba una sociedad discriminatoria y excluyente.[5] El pueblo judío busca su propia identidad santa y pura, excluyendo a las naciones impuras y paganas.

- Dentro del pueblo elegido, los sacerdotes gozan de un rango de pureza superior al resto del pueblo pues están al servicio del Templo donde habita el Santo de Israel.

- Los observantes de la Ley disfrutan de la bendición de Dios, mientras los pecadores son objeto de su ira.

- Los varones pertenecen a un nivel superior de pureza sobre las mujeres sospechosas siempre de impureza por su menstruación y los partos.

- Los sanos están más cerca de Dios que los leprosos, los ciegos, los tullidos o eunucos excluidos del acceso al Templo.

Esta búsqueda de santidad levantaba fronteras, generaba discriminaciones y despertaba

---

[5] Así aparece en el *Código de Santidad* (Levítico 17–26).

resentimientos. No promovía la comunión, la fraternidad y la mutua acogida.

Jesús lo percibió enseguida. Esta visión religiosa no respondía a su experiencia de un Dios compasivo. Y con una lucidez y una audacia sorprendentes introdujo en aquella sociedad una alternativa que lo transformaba todo:

> "Sed compasivos como vuestro Padre es compasivo." (Lc 6,36)

Es la compasión y no la santidad el principio que ha de inspirar la conducta humana. Jesús no niega la santidad de Dios, pero lo que cualifica esa santidad no es la separación de lo impuro, el rechazo de lo no-santo.

Dios es grande y santo, no porque rechace y excluya a los paganos, pecadores e impuros, sino porque ama a todos sin excluir a nadie de su compasión.

Por eso, la misericordia no es, para Jesús, una virtud más sino la única manera de ser como es Dios. El único modo de mirar el mundo como lo mira Dios, la única manera de sentir a las personas como las siente Dios, la única forma de reaccionar ante el ser humano como reacciona Dios.

3

Jesús, primer testigo
de la compasión de Dios

Jesús fue el primero en vivir totalmente desde la compasión de Dios desafiando claramente el sistema de santidad y pureza que predominaba en aquella sociedad.

En la raíz de su actividad curadora e inspirando toda su actuación con los enfermos está siempre su **amor compasivo**.[6]

- Jesús se acerca a los que sufren, alivia su dolor, toca a los leprosos, libera a los poseídos por espíritus malignos, los rescata de la marginación y los devuelve a la convivencia.

- Jesús sufre al ver la distancia que hay entre el sufrimiento de estos hombres y mujeres enfermos, desnutridos y estigmatizados

---

[6] Los evangelios señalan constantemente que Jesús curaba "movido por la compasión". Emplean el verbo *"splanchnizomai"* que, literalmente, significa que a Jesús "le temblaban las entrañas" cuando veía sufrir a los enfermos.

por la sociedad, y la vida que Dios quiere para todos ellos.

Jesús no los cura para probar su condición divina o la veracidad de su mensaje. Lo que le mueve a Jesús es la compasión. Quiere que, desde ahora, estos enfermos experimenten ya en su propia carne la misericordia de Dios.

La gente captó enseguida **la novedad** que estaba introduciendo Jesús. Su actuación era muy diferente a la del Bautista.

- La misión del Bautista estaba pensada y organizada en función del pecado. Era su gran preocupación: denunciar los pecados de aquella sociedad y purificar a cuantos acudían al Jordán a recibir su bautismo para el "perdón de los pecados".

- La actuación de Jesus era diferente, pues lo veía todo desde la compasión de Dios. Lo que a él le preocupaba, antes que nada, era el sufrimiento que destruía, humillaba y marginaba a aquellas gentes desgraciadas. Jesús no camina por Galilea buscando pecadores para convertirlos de sus pecados, sino acercándose a enfermos y endemoniados para liberarlos de su sufrimiento.

Su misión es más terapéutica que "moral" o "religiosa". No es que no le preocupe el pecado sino que, para él, el pecado que más se opone a Dios es precisamente causar sufrimiento o tolerarlo con actitud indiferente.

Pronto se acercaron a Jesús **todo tipo de personas** desgraciadas y desvalidas. El profeta de la misericordia de Dios atraía, sobre todo, a los que vivían hundidos en la miseria. No son pobres. En Galilea la inmensa mayoría de la población era pobre pues luchaba día a día por la supervivencia, pero, al menos, tenía un pequeño terreno o un trabajo para asegurarse el sustento. Los que rodean a Jesús son los desposeídos de todo, los que no tienen lo necesario para vivir.[7] Son un grupo fácilmente reconocible.

- La mayoría, vagabundos sin techo. No saben lo que es comer carne ni pan de trigo. Se cubren con harapos y casi siempre van descalzos.

- Entre ellos hay mendigos que andan de pueblo en pueblo.

---

[7] Los evangelios no hablan de *"penes"*, el pobre que vive de un trabajo duro. Se habla de *"ptochoi"*, los mendigos que no tienen de qué vivir.

- Hay jornaleros sin trabajo fijo y campesinos huidos de sus acreedores.

- Muchas son mujeres. Entre ellas, viudas que no han podido casarse de nuevo, esposas estériles repudiadas por sus maridos, prostitutas obligadas a buscar clientes por los pueblos para alimentar a sus hijos.

- Todos tienen un rasgo común: viven en un estado de miseria del que ya no podrán escapar. No tienen a nadie que los defienda. Son el "material sobrante" de aquella sociedad. Vidas sin futuro.[8]

Jesús **se une a ellos**, comienza a vestir y calzar como ellos, los acoge y los defiende. De sus labios comienzan a escuchar un lenguaje nuevo y desconocido:

"Dichosos vosotros, los que no tenéis nada, porque vuestro rey es Dios; dichosos los que ahora pasáis hambre porque seréis saciados; dichosos los que ahora lloráis porque reiréis."[9]

---

[8] Lenski los llama el sector "expendable", los prescindibles, los que están de sobra.

[9] Lc 6,20-21. Estas tres bienaventuranzas provienen de Jesús. La versión de Lucas es más auténtica que la de Mateo (Mt 5,3-11), que les da un carácter más espiritual añadiendo otras nuevas.

No es una burla. No es cinismo. Aquella miseria que los condena al hambre, a la enfermedad y al llanto no tiene su origen en Dios. Al contrario, aquello es un escándalo para Él. Dios los quiere ver saciados, felices y riendo. Los que no interesan a nadie le interesan a Dios. Los que sobran entre los hombres tienen un lugar privilegiado en su corazón, Los que no tienen a nadie que los defienda tienen a Dios como Padre.

El mensaje y la actuación de Jesús no significan ahora mismo el final del hambre y la miseria, pero sí una dignidad indestructible de todas las víctimas de abusos y atropellos. Todo el mundo ha de saber que son **los hijos e hijas predilectos de Dios**. Nunca en ninguna parte se construirá la vida tal como la quiere Dios si no es liberando a estos hombres y mujeres de la miseria. Ninguna religión será bendecida por Dios si no introduce en el mundo justicia para ellos.

Pero lo que más escandalizaba de Jesús no era verle en compañía de gente vagabunda e indeseable, sino observar que **se sentaba a comer** con recaudadores, pecadores y prostitutas. Los evangelios recogen fielmente la sorpresa y las acusaciones de los más hostiles:

"¿Qué? ¿Es que come con los publicanos y pecadores?" "Ahí tenéis un comilón y un borracho, amigo de pecadores."[10]

El asunto era explosivo. Sentarse a la mesa con alguien era y es un signo de confianza y amistad. No se come con cualquiera. Lo que hacía Jesus era impensable en alguien considerado por todos como un "hombre de Dios".

¿Cómo podía sentirse amigo de publicanos y prostitutas? Sin embargo, Jesús no excluía a nadie. No hacía falta ser santo ni puro, mujer honrada o prostituta. No era necesario limpiarse las manos. Todos podían contar con su amistad. Hasta los pecadores que vivían lejos de Dios. Jesús no excluía a nadie.

Él actuaba movido por la compasión de Dios, Aquellos amigos y amigas son hijos "perdidos" que no aciertan a retornar a Dios por el camino de la Ley. Jesús les ofrece la amistad y el perdón de Dios antes de que cambien y se conviertan. Nunca se había visto algo parecido. Su mensaje resonaba así:

---

[10] Mc 1,16; Fuente Q (Mt 11,19 = Lc 7,34).

"Cuando os veáis juzgados por la ley, sentíos comprendidos por Dios; cuando os veáis rechazados por la sociedad sabed que Dios os acoge; cuando nadie os perdone vuestra indignidad, sentid sobre vosotros el perdón inagotable de Dios. No os lo merecéis. No lo merece nadie. Pero Dios es así: misericordia, amor y perdón."

Nadie ha realizado en esta tierra en nombre de Dios un signo más cargado de compasión y de esperanza.

4

La parábola
del buen samaritano[11]

Tal vez es la parábola más provocativa y la que mejor sugiere la revolución introducida por Jesús desde su experiencia de la compasión de Dios.

Jesús habla de un hombre asaltado y abandonado medio muerto en la cuneta de un camino solitario.

Afortunadamente, aparecen por el camino dos viajeros: primero un sacerdote, luego un levita. Vienen del Templo, después de realizar su servicio cultual. El herido los ve llegar esperanzado: son de su propio pueblo; representan al Dios santo del templo; sin duda tendrán compasión de él. No es así. Los dos "dieron un rodeo" y pasaron de largo.

Aparece en el horizonte un tercer viajero. No es sacerdote ni levita. Ni siquiera pertenece al pueblo elegido. Es un odiado samaritano, miem-

---

[11] Lc 10,30-36.

bro de un pueblo enemigo. El herido lo ve llegar lleno de miedo. Se puede esperar lo peor. Sin embargo, el samaritano "tuvo compasión"[12] y se acercó, se aproximó, se hizo prójimo. Movido por su compasión hizo por aquel hombre todo lo que pudo: curó sus heridas, lo vendó, lo montó sobre su cabalgadura, lo llevó a una posada, cuidó de él y pagó todo lo que hiciera falta.

La sorpresa de los oyentes no podía ser mayor. La parábola rompía todos sus esquemas y discriminaciones entre amigos y enemigos, entre pueblo elegido y gentes extrañas e impuras. ¿Será verdad que la compasión nos puede llegar, no del Templo ni de los canales oficiales de la religión, sino de un enemigo proverbial?

No había duda. Jesús miraba la vida desde la cuneta, con los ojos de las víctimas necesitadas de ayuda. Para él, la mejor metáfora de Dios era la compasión por los que sufren. Y la única manera de ser como Dios y de actuar de manera humana era actuar como aquel samaritano.

_____

[12] Jesús utiliza el mismo término para hablar de la acogida del padre del hijo pródigo y de la actuación del samaritano ("se conmovió").

La parábola de Jesús introducía un vuelco total. Los representantes de la religión pasan de largo junto al herido. El odiado enemigo es el salvador. Con la compasión caen las barreras. Hasta un enemigo tradicional, renegado por todos, puede ser instrumento de la compasión de Dios. ¿Habrá que reordenarlo todo desde la compasión? ¿Habrá que olvidarse de prejuicios y enemistades seculares, habrá que dejar a un lado odios y sectarismos, borrar fronteras y eliminar discriminaciones?

Lucas aplicó muy bien el mensaje de la parábola.[13] La verdadera postura no es preguntarse como el escriba: "¿Quién es mi prójimo?" ¿Hasta dónde llegan mis obligaciones hacia los demás? La verdadera actitud de quien vive movido por la compasión es preguntarse: ¿Quién está necesitado de que yo me acerque y me haga su prójimo?

Cuando uno vive desde la compasión de Dios toma con total seriedad a todo ser humano que sufre, cualquiera que sea su raza, su pueblo o

---

[13] Lucas convirtió la parábola de Jesús sobre el Reino de Dios en una historia ejemplar en la que Jesús responde a un doctor de la Ley que le pregunta: ¿Quién es mi prójimo?

su ideología. No se pregunta a quién tengo que amar sino quién me necesita cerca. Todo herido que encuentro en la cuneta de mi camino es mi prójimo. Solo desde esta compasión se construye el Reino de Dios.

5

El principio
misericordia

El lenguaje de la misericordia puede ser peligroso y ambiguo. Puede sugerir un sentimiento de compasión y quedar reducido a tener un corazón compasivo, sin el acompañamiento de un compromiso práctico; puede quedarse en hacer "obras de misericordia" en un momento u otro, sin abordar las causas concretas del sufrimiento y las injusticias; puede entenderse como una actitud paternalista hacia las necesidades de algunos individuos sin reaccionar ante una sociedad que funciona de manera inmisericorde.

Para evitar malentendidos y reduccionismos, el teólogo Jon Sobrino ha propuesto hablar del "principio-misericordia", es decir, de un principio interno que está en el origen de nuestra actuación, que permanece siempre presente y activo en nosotros, que imprime una dirección a todo nuestro ser y que va configurando todo nuestro estilo de vida.[14]

Para entender mejor todo esto podemos diferenciar los siguientes elementos.

- En primer lugar, por decirlo así, se da una **interiorización** del sufrimiento ajeno, dejo que penetre en mis entrañas, en mi corazón, en mi ser entero, lo hago mío de alguna manera, me duele a mí.

- En un segundo momento, ese sufrimiento interiorizado, que me ha llegado hasta dentro, provoca en mí una **reacción**, se convierte en punto de partida de un comportamiento activo y comprometido.

- Por último, esa reacción se va concretando en actuaciones y **compromisos** diversos orientados a erradicar ese sufrimiento o, al menos, aliviarlo.

Esto es siempre lo primero y lo último en un seguidor de Jesús. Nada hay más importante. Tendremos que hacer muchas cosas a lo largo de la vida, pero la compasión ha de estar en el

---

[14] J. Sobrino, *El principio-misericordia. Bajar de la cruz a los pueblos crucificados*, Sal Terrae, Santander 1992, sobre todo 31-45.

trasfondo de todo. Nada nos puede dispensar. Nada puede justificar la indiferencia ante el sufrimiento ajeno. La compasión ha de configurar todo lo que constituye nuestra vida: nuestra manera de mirar a las personas y de ver el mundo; nuestra manera de relacionarnos y de estar en la sociedad, nuestra manera de entender y de vivir la fe cristiana.

La parábola del buen samaritano concluye, según Lucas, con un breve diálogo entre Jesús y el maestro de la Ley. Jesús le hace una pregunta: "¿Quién de estos tres te parece que fue prójimo del que cayó en manos de los salteadores?". El escriba responde: "El que tuvo misericordia de él". Jesús concluye: "Vete y haz tú lo mismo".

Esta es la palabra que hemos de escuchar todos: no "dar rodeos", abrir los ojos, ver a tantos hombres y mujeres asaltados, robados, golpeados, abandonados, medio muertos en los mil caminos de la vida. Acercarnos a la cuneta, levantar a los heridos, vivir curando a los que sufren.

6

Hacia una Iglesia samaritana

Para la Iglesia es importante encontrar en la sociedad su sitio. El lugar auténtico desde el cual cumplir su misión evangelizadora. Es evidente que la Iglesia de Jesús no puede vivir encerrada en sí misma, preocupada solo por sus problemas, pensando exclusivamente en sus intereses. Ha de estar en medio del mundo, pero no de cualquier manera.

Si es fiel a Jesús y se deja inspirar por el principio-misericordia, la Iglesia ha de estar en un lugar muy preciso: allí donde se produce sufrimiento, allí donde están las víctimas, los empobrecidos, los maltratados por la vida o por la injusticia de los hombres, las mujeres golpeadas y atemorizadas por sus compañeros, los extranjeros sin papeles, los que no encuentran sitio ni en la sociedad ni en el corazón de las personas. Por decirlo en una palabra, ha de estar en la cuneta, junto a los heridos.

Desde sus orígenes, en la Iglesia ha habido muchos hombres y mujeres al servicio de los pobres y necesitados, tratando de aliviar el dolor y la necesidad de quienes no podían esperar mucho de una sociedad todavía poco organizada y sin apenas servicios sociales.

En veinte siglos de cristianismo han surgido en la Iglesia congregaciones religiosas, asociaciones, instituciones benéficas, centros asistenciales, hospitales, lugares de acogida y toda clase de iniciativas a favor de los últimos: enfermos, pobres, vagabundos, peregrinos, niños abandonados, prostitutas, apestados, leprosos...

Todavía hoy es inmensa la actividad de los cristianos tanto en tierras de misión como entre nosotros, tanto en instituciones eclesiales como en organismos y plataformas de otra naturaleza. Ellos son el rostro compasivo de la Iglesia, lo mejor que tenemos los cristianos.

Pero no es suficiente. Hay que trabajar para que la Iglesia como tal esté configurada en su totalidad por el principio-misericordia. La Iglesia tendría que hacerse notar por ser el lugar donde se puede observar la reacción más libre, audaz e intensa ante el sufrimiento que hay en el mundo. El lugar más sensible y comprometido ante todas las heridas físicas, morales y espirituales de los hombres y mujeres de hoy.

Habrá que hacer otras muchas cosas, pero si la Iglesia no está estructurada por la compasión todo lo que haga será irrelevante y podrá ser, incluso, peligroso pues la desviará fácilmente de su misión de introducir en el mundo la compasión de Dios. La compasión es lo único que puede hacer a la Iglesia de hoy más humana y creíble.

¿Qué puede significar hoy en nuestra cultura una palabra magisterial sobre el sexo, la homosexualidad, la familia, la mujer o los diferentes problemas de la vida, dicha sin compasión hacia los que sufren?

¿Para qué una teología académica, si no nos despierta de la indiferencia y no introduce en la Iglesia y en la cultura moderna más compasión?

¿Para qué insistir en la liturgia si el incienso y los cánticos nos impiden ver el sufrimiento y oír los gritos de los que sufren?

La Iglesia será creíble si actúa movida por la compasión hacia el ser humano, pues esto es precisamente lo que más se echa en falta en el mundo actual.

Vivir de la compasión no es nada fácil ni para la Iglesia institucional ni para las comunidades de nuestras parroquias, ni para la jerarquía ni para los cristianos de a pie. No es fácil ni para los que se sienten "progresistas" ni para los que se encierran en el pasado.

De ahí la urgencia de escuchar una y otra vez la llamada:

"Sed compasivos como es vuestro Padre."

7

Hacia una cultura animada por la compasión

¿Qué es, en definitiva, lo que Jesús quería introducir en el mundo? ¿Qué significa para Jesús "buscar el Reino de Dios y su justicia" (Mt 6,33)? Creo que lo podemos resumir así:

- Dios es, antes que nada, un misterio de compasión hacia sus criaturas. Lo decisivo para la historia humana es ahora acoger, introducir y desarrollar esta compasión.

- No basta un nuevo orden de cosas más justo según la visión de justicia que tienen los poderes económicos, políticos y religiosos, casi siempre orientados hacia sus propios intereses.

- Hay que hablar de justicia, sí, pero de una justicia que nace de la compasión y que introduce en el mundo una nueva dinámica y dirección. La compasión lo dirige e impulsa todo hacia una vida más digna para los últimos.

Esta es la primera tarea de los seguidores de Jesús hoy y siempre. Esto es acoger el reino de Dios: poner a los pueblos, a las culturas, a las políticas y a las religiones mirando hacia la dignidad de los últimos.

No hay progreso humano, no hay política progresista, no hay religión verdadera, no hay proclamación responsable de los derechos humanos, no hay justicia en el mundo si no es acercándonos a los últimos con la seriedad de la compasión de Dios.

Si, distraída por otras cuestiones o intereses, la Iglesia lo olvida, en esa misma medida se va alejando de su Señor.

Voy a terminar recordando una parábola que podemos leer en el evangelio de Mateo.[15] Tal como ha llegado hasta nosotros, no es fácil reconstruir el relato original de Jesús, pero nos permite captar la revolución que Jesús ha introducido en la historia.

■ La parábola es, en realidad, una descripción grandiosa del veredicto final de todas

---

[15] Mt 25,31-46. Se le llama tradicionalmente la parábola del "juicio final". Es mejor hablar de "la separación de las ovejas y las cabras".

las naciones. Allí están gentes de todas las razas y pueblos, de todas las culturas y religiones, las generaciones de todos los tiempos. Se va a escuchar la palabra final que lo esclarecerá todo.

- Dos grupos van emergiendo de aquella muchedumbre. Unos son llamados a recibir la bendición de Dios para heredar su reino; a otros se les invita a apartarse.

- Cada grupo se dirige hacia el lugar que él mismo ha escogido. Unos han reaccionado con compasión ante los necesitados; los otros han vivido indiferentes ante su sufrimiento.

- Lo que va a decidir su suerte no es su religión ni su piedad. Sencillamente, unos han vivido movidos por la compasión, otros no.

- En la parábola se habla de seis situaciones de necesidades básicas. No son casos irreales. Son situaciones que se dan en todos los pueblos y en todos los tiempos. En todas partes hay hambrientos y sedientos; inmigrantes y desnudos; enfermos y encarcelados.

- No se pronuncian grandes palabras como "justicia" y "solidaridad". Se habla de comida, de ropa, de algo de beber, un techo para resguardarse. No se habla tampoco de "amor" sino de cosas tan concretas como "dar", "acoger", "visitar", "acudir".

- Lo decisivo no es una teoría noble y sublime, sino la compasión que nos lleva a ayudar a quien sufre y necesita nuestra ayuda.

- La salvación de la humanidad está en ayudar a los desgraciados del mundo a vivir una vida más humana y digna. La perdición, por el contrario, está en la indiferencia ante el sufrimiento.

Este es el grito de Jesús a toda la humanidad. El mensaje proclamado y vivido por Jesús hasta el final:

"Sed compasivos como vuestro Padre."

Desde Jesús hay algo muy claro: nunca en ninguna parte se construirá la vida tal como la quiere Dios si no es liberando a los que sufren de su miseria y humillación; nunca ninguna religión será bendecida por Dios si no introduce para ellos la justicia que brota de la compasión.

Para Jesús, una humanidad constituida por naciones, instituciones o personas comprometidas en alimentar a los hambrientos, vestir a los desnutridos, acoger a los inmigrantes, atender a los enfermos y visitar a los presos, es el mejor reflejo del corazón de Dios y la mejor concreción de su Reino.

Índice